Votar es importante

¿Por qué se debe votar?

Kristen Rajczak Nelson **Traducido por Ana María García**

PowerKiDS press.

NEW YORK

Published in 2019 by The Rosen Publishing Group, Inc.
29 East 21st Street, New York, NY 10010

Translator: Ana María García
Editorial Director, Spanish: Nathalie Beullens-Maoui
Editor, Spanish: María Cristina Brusca
Editor, English: Elizabeth Krajnik
Book Design: Rachel Rising

Photo Credits: Cover Hero Images/Getty Images; Cover, pp. 1, 3, 4, 6, 8, 10, 12, 14, 16, 18, 20, 22, 23, 24 (background) PepinoVerde/Shutterstock.com; pp. 5, 11, 19 Hill Street Studios/Blend Images/Getty Images; p. 7 https://commons.wikimedia.org/wiki/File:Declaration_of_Independence_ (1819),_by_John_Trumbull.jpg; p. 9 Rena Schild/Shutterstock.com; p. 13 Drew Angerer/Getty Images News/Getty Images; p. 15 Mark Makela/Getty Images News/Getty Images; p. 17 Marjorie Kamys Cotera/Bob Daemmrich Photography/Alamy Stock Photo; p. 21 Bloomberg//Getty Images; p. 22 Ariel Skelley/DigitalVision/Getty Images.

Library of Congress Cataloging-in-Publication Data

Names: Rajczak Nelson, Kristen, author.
Title: ¿Por qué se debe votar? / Kristen Rajczak Nelson.
Description: New York : PowerKids Press, 2019. | Series: Votar es importante | Includes index.
Identifiers: LCCN 2017054407| ISBN 9781538333433 (library bound) | ISBN
  9781538333440 (pbk.) | ISBN 9781538333457 (6 pack)
Subjects: LCSH: Voting--United States--Juvenile literature. | Political
  participation--United States--Juvenile literature.
Classification: LCC JK1978 R356 2019 | DDC 324.60973--dc23
LC record available at https://lccn.loc.gov/2017054407

Manufactured in the United States of America

CPSIA Compliance Information: Batch #CS18PK For further information contact Rosen Publishing, New York, New York at 1-800-237-9932.

Contenido

Tomar responsabilidad

El Gobierno de Estados Unidos se compone de un buen número de personas, muchas de las cuales han sido **elegidas** para sus responsabilidades. Los **ciudadanos** de Estados Unidos tienen derecho a votar, lo que también conlleva la responsabilidad de elegir a los líderes del Gobierno. ¡Es importante que los ciudadanos tomen sus responsabilidades al igual que los líderes deben hacer el suyo!

Durante la colonia

Cuando Estados Unidos era una **colonia** británica, la opinión de los colonos contaba poco en el Gobierno británico. Esa fue una de las razones por las que lucharon por su libertad. Los Padres Fundadores querían asegurarse de que, en la nueva nación, todos los ciudadanos fueran escuchados. No querían que una única persona tuviera todo el poder.

7

Voto para todos

En la actualidad, la **Constitución** de Estados Unidos otorga el derecho al voto a la mayoría de los ciudadanos mayores de 18 años. No importa cuánto dinero tenga una persona o cuál sea su raza o religión: todos los votos cuentan por igual. Todo aquel que pueda votar debe hacerlo, porque el Gobierno necesita escuchar la opinión de todas las personas.

9

Representar a la gente

Los líderes del Gobierno **representan** a la gente de ciudades, condados, distritos y estados. Para ser elegidos, necesitan escuchar a quienes quieren representar. La gente hace saber a estos líderes cuáles son sus creencias y valores cuando votan. Los electores también muestran a sus representantes sus opiniones a través de llamadas, correos electrónicos o escribiéndoles cartas.

Los votos muestran una preferencia

Los electores a menudo muestran su **apoyo** a una idea, ley o líder al votar. Incluso si el líder no gana, o la ley no se aprueba, los electores manifiestan su apoyo cuando se toman el tiempo de ir a votar. Si un número suficiente de personas ofrece su apoyo, la persona o la ley podrían ser consideradas de nuevo más adelante.

Pedir un cambio

La votación a favor o en contra de un líder o ley también puede enviar otro mensaje. ¡Los electores pueden estar pidiendo un cambio! Si un líder no hace lo que ha prometido, los ciudadanos pueden votar por otra persona en las siguientes elecciones. Un grupo de electores podría apoyar a alguien que tenga nuevas ideas con las que estén de acuerdo.

15

Las elecciones nos afectan a todos

El resultado de unas elecciones puede afectar al funcionamiento de las escuelas, a cómo gasta su dinero el Gobierno e incluso a la limpieza de las calles. Para poder opinar sobre estos asuntos, los ciudadanos deben votar. Los líderes locales afectan a las personas que viven en el área que representan. ¡Los líderes nacionales afectan a todos los que viven en Estados Unidos!

17

El voto popular

Hay millones de electores en Estados Unidos. En la mayoría de las elecciones, cada elector tiene un voto que se cuenta como parte del voto popular. El voto popular es la cantidad total de votos emitidos en unas elecciones. La mayoría de las elecciones se deciden por el voto popular. ¡Esto significa que el voto de cada persona es importante!

El Colegio Electoral

El presidente de los Estados Unidos no es elegido por voto popular. Cuando los ciudadanos votan para elegir presidente, están votando a una persona llamada *elector*, que votará por ellos como parte del **Colegio Electoral**. A cada estado le corresponde una cantidad de votos en el Colegio Electoral en función de su población o del número de personas que viven allí.

21

La voz de los electores

Nadie está obligado a votar, y muchas personas eligen no hacerlo Cuantas más personas voten, ¡más posibilidades hay de que escuchar sus voces! Los líderes saben quiénes ejercen el voto y tienden a trabajar más y con más empeño por esos grupos de electores

Glosario

apoyo: el acto de mostrar que se está de acuerdo con alguien o algo.

ciudadano: persona que vive en un país y tiene los derechos que le otorgan las leyes de ese país.

Colegio Electoral: un cuerpo de 538 electores que emite votos para elegir al presidente y al vicepresidente.

colonia: área que está controlada por un país o que pertenece a él y que, por lo general, está lejos de él. Alguien que vive en una colonia es un colono.

Constitución: las leyes básicas por las que se rige un país, estado o grupo.

elegir: escoger a alguien para un puesto, especialmente en el Gobierno, mediante votación.

representar: actuar oficialmente para alguien o algo.

Índice

Sitios de Internet

Debido a que los enlaces de Internet cambian constantemente, PowerKids Press ha desarrollado una lista en línea de sitios de Internet relacionados con el tema de este libro que se actualiza regularmente. Utiliza este enlace para acceder a la lista: www.powerkidslinks.com/wvm/wspv